Amok
아목

좋은땅

Preface

In the ancient world of Khmer culture, food is not merely essential for survival—it is a reflection of identity and spirit. Amok, a traditional Cambodian dish, is more than just something delicious; it is a symbol of the Khmer heart, filled with meaning, memories, and the warmth of generations.

The story that follows tells the journey of a young Khmer girl named Srey Leak, who learns the true meaning of Amok through her grandmother's cooking.

អារម្មណ៍ផ្ដើម
ក្នុងពិភពបុរាណនៃវប្បធម៌ខ្មែរ អាហារមិនមែនត្រឹមតែសំខាន់សម្រាប់ជីវិតនៅស្ថិតក្នុងជីវិតឡើយ គឺជាបុព្វហេតុគឺជាផលនៃអត្តសញ្ញាណ និងវិញ្ញាណរបស់ជាតិខ្មែរ។ អាម៉ុក ជាអាហារបុរាណសម្បូរដោយន័យនិមិត្តសញ្ញាពោរពេញដោយអារម្មណ៍និងអនុស្សាវរីយ៍បងប្អូនគ្នារយៈជំនាន់បន្តជំនាន់។
រឿងនិពន្ធខាងមុខនេះ បង្ហាញពីដំណើររបស់ក្មេងស្រីខ្មែរមានឈ្មោះ ស្រីលក្ខណ៍ ដែលបានសិក្សាអំពីន័យពិតប្រាកដនៃអាម៉ុកតាមរយៈការធ្វើម្ហូបរបស់ជីដូនរបស់គាត់។

고대 캄보디아의 크메르 문화 속에서 음식은 단순히 생존을 위한 수단이 아닙니다. 그것은 정체성과 정신을 비추는 거울입니다. 캄보디아의 전통 음식인 아목(Amok)은 단순히 맛있는 요리 그 이상으로, 크메르 민족의 마음을 상징하는 음식입니다. 그 속에는 깊은 의미와 추억, 그리고 여러 세대를 거쳐 이어져 온 따뜻함이 담겨 있습니다.

이야기 속 주인공은 스레이 렉(Srey Leak)이라는 어린 크메르 소녀로, 그녀는 할머니의 요리를 통해 아목의 진정한 의미를 배워 나갑니다.

In the heart of Cambodia, where ancient temples whispered tales of old and emerald rice fields stretched to the horizon, lived a young girl named Srey Leak. Her village, nestled by a gentle river, was a place of vibrant life and deep-rooted traditions.

នៅចំកណ្ដាលប្រទេសកម្ពុជា មានប្រាសាទបុរាណជាច្រើន ដែលបញ្ចេញនិទានការភ្ដុំអង្គុនិទាន និងអមដោយទន្លេសាបពណ៌បៃតង ដែលសន្ធឹងដល់និក្ខុន៍, មានក្មេងស្រីម្នាក់ឈ្មោះស្រី លក្ខណ៍។ ភូមិរបស់នាង ដែលស្ថិតនៅក្បែរបស្ទឹងរាបស្មើ សុបស្មាត់ គឺជាកន្លែងដែលមានជីវិតរស់រវើកមាន និងប្រពៃណីជ្រៅជ្រះ។

캄보디아의 심장부,
고대 사원들이 옛이야기를 속삭이고 에메랄드빛 논이 지평선까지 펼쳐진 그곳에,
스레이 렉(Srey Leak)이라는 어린 소녀가 살고 있었습니다.

그녀의 마을은 잔잔한 강가에 자리 잡은 곳으로,
활기찬 생명력과 깊은 전통이 살아 숨 쉬는 시골 마을이었습니다.

Every year, as the Pchum Ben festival approached,
Srey Leak's grandmother, Lok Yey, would begin preparations for the most special meals.
These weren't just about eating; they were about family, community, and honoring ancestors.

រៀងរាល់ឆ្នាំ នៅពេលពិធីបុណ្យភ្ជុំបិណ្ឌនិងបណ្តូបញ្ចប់ស្រេនឹងពេល កុះលោកយាយ
នឹងចាប់ផ្តើមរៀបចំមុខម្ហូបពិសេសបំផុត។ ទាំងនេះ មិនមែន គ្រាន់តែជាការបរិភោគទេ
រាប់បញ្ចូលទាំងការសំរាសរ សហគមន៍ និងការគោរពដល់បុព្វបុរស។

매년 프쭘번(Pchum Ben) 축제가 다가오면,
스레이 렉의 할머니, 록예이(Lok Yey)는 가장 특별한 음식을 준비하기 시작하셨습니다.

그 음식들은 단순히 먹기 위한 것이 아니었습니다.
그것은 가족, 공동체, 조상을 기리는 뜻깊은 행위였습니다.

Among all the delicious dishes, one stood out as the undisputed king: Amok.
Its creamy texture, fragrant spices, and delicate flavor made it a favorite for celebrations and everyday joy alike.

ក្នុងចំណោមមុខម្ហូបឆ្ងាញ់ៗទាំងអស់ មួយចំនួនប៉ុណ្ណោះ ដែលលេចធ្លោជាស្តេចដែលមិនអាចប្រកែកបាន គឺ អាម៉ុក។ រូបធាតុគ្រីមក្រអូប និង រសជាតិល្អមួយរបស់វា បានធ្វើឱ្យវាជាមុខម្ហូបដែល ពេញនិយមសម្រាប់ពិធីជប់លៀង និងសេចក្តីរីករាយ ប្រចាំថ្ងៃ។

수많은 맛있는 음식들 가운데, 누구도 부인할 수 없는 '왕좌'를 차지한 음식이 있었습니다.
그것은 바로 아목(Amok)이었습니다.

부드러운 크림 같은 질감, 향긋한 향신료, 섬세한 맛이 어우러져
축제는 물론 일상에서도 많은 이들의 사랑을 받는 음식이었습니다.

Once the Kroeung was ready, the fresh fish was gently mixed with it,
along with rich coconut milk, a touch of fish sauce, and a hint of palm sugar.
The mixture transformed into a creamy, golden delight.

នៅពេលគ្រឿងរួចរាល់ ត្រីស្រស់ត្រូវបានលាយបញ្ចូលគ្នា
យ៉ាងទន់ភ្លន់ជាមួយគ្រឿងរួចនោះ។
ដោយដាក់បីរ ប្រេង ត្រីត្រី បន្តិច និងស្ករស្ពឹកក្តោត ឡើងបន្ថែម។
ការលាយគ្នានេះបំលែងអាហារជាទម្រង់ត្រែមលើត្រជាកមាស។

꼬루엉이 완성되면,
갓 잡은 생선을 조심스럽게 그 페이스트와 부드럽게 섞습니다.

진한 코코넛 밀크, 약간의 피시 소스, 그리고 한 꼬집의 야자당까지 더하면
그 혼합물은 부드럽고 황금빛으로 빛나는 매혹적인 요리로 다시 태어납니다.

Lok Yey carefully spooned the mixture into small hand-folded banana leaf cups.
These natural vessels not only added a subtle aroma but also made each serving a beautiful, individual parcel of flavor, ready for steaming.

លោកយាយបានធ្វើសណ្តាប់ស្លាបព្រាប្រុងប្រយ័ត្ន ដោយវេកទៅក្នុងស្លឹកចេកតូចៗ ដោយដៃដួចជាគ្រឿងធម្មជាតិ។
ទាំងនេះមិនត្រឹមតែបន្ថែមក្លិនស្រួយបន្តិចនោះទេ ប៉ុន្តែបានធ្វើឱ្យរាល់ផ្នែកមួយៗក្លាយជាសាច់រសជាតិផ្ទាល់ ខ្លួនរួចរាល់សម្រាប់ការចំហុយ

록예이 할머니는 그 페이스트를 조심스럽게 손으로 정성껏 접은 작은 바나나잎 컵에 한 스푼씩 담았습니다.

이 자연의 그릇은 은은한 향기를 더해줄 뿐만 아니라, 각각의 분량을 고유한 풍미가 담긴 아름다운 작은 꾸러미로 만들어 찜기에 올릴 준비를 마쳤습니다.

As the Amok steamed, a tantalizing aroma wafted through the house, promising a feast. Srey Leak's stomach rumbled with anticipation, a feeling shared by everyone in the household.

នៅពេលអាម៉ុកកំពុងចំហុយ ក្លិនក្រអូបលួងផ្ដុំផ្ដែងជាគារៈ អះអាងនូវពិធីដ៏ល្បីល្បាញ។ ស្រីឡែកនិងមនសិម្បីរបស់ស្រីលក្ខណ៍លើកអារម្មណ៍រំភើប ទាំងលប់ជាមួយនារម្យគ្រួសារទាំងអស់ក្នុងផ្ទះ។

아목이 찜통에서 익어 갈수록, 그 풍성하고 유혹적인 향이 집 안 곳곳으로 퍼져 나가며 진수성찬의 시작을 예고했습니다.

스레이 렉의 배에서는 기대감에 꼬르륵 소리가 났고, 그 설렘은 온 가족이 함께 느끼는 감정이었습니다.

In Cambodia, food is a language of its own.
It speaks of hospitality, generosity, and the strong bonds that tie families and communities together.
Sharing a meal is a sacred act.

នៅប្រទេសកម្ពុជា អាហារជាភាសាសិល្បៈផ្ទាល់ខ្លួន។
វាបញ្ចេញន័យនៃការរសប្បុរសធម៌ សភាពសម្បូរបែប និងទំនាក់ទំនងដ៏រឹងមាំ
ដែលចងខ្សែភ្ជាប់គ្រួសារ និងសហគមន៍ជាមួយគ្នា។
ការរំលែករំលែកអាហារគឺជាពិធីដ៏សំខាន់។

캄보디아에서 음식은 그 자체로 하나의 언어입니다.
그 음식은 환대와 너그러움,
그리고 가족과 공동체를 굳게 이어 주는 유대감을 말해 줍니다.
함께 음식을 나누는 일은 거룩하고 소중한 행위입니다.

As they ate, Lok Yey and her husband, Ta, would recount stories of their youth,
of how Amok was prepared in their time, and the significance of each ingredient.
Srey Leak listened intently, absorbing every word.

នៅពេលពួកគេបរិភោគ លោកយាយ និងប្ដីរបស់គាត់ គឺលោកតា នឹងរៀបរាប់រឿងរ៉ាវពីអាហារូបករណ៍របស់ពួកគេ។
អំពី របៀបដែលអាម៉ុកត្រូវបានរៀបចំក្នុងសម័យរបស់ពួកគេ និងសារៈសំខាន់នៃគ្រឿងផ្សំនីមួយៗ។
ស្រីលក្ខណ៍ស្ដាប់យ៉ាងយកចិត្តទុកដាក់ ក្នុងពាក្យល្មោះៗ។

식사하며, 록예이 할머니와 남편 타 할아버지는 젊은 시절의 이야기를 들려주곤 하셨습니다.

그 시절 아목을 어떻게 만들었는지,
그리고 각각의 재료가 지닌 의미가 무엇인지에 대한 말이지요.

스레이 렉은 그들의 말을 하나도 놓치지 않으려는 듯, 귀를 기울이며 정성껏 들었습니다.

Srey Leak realized that Amok was not just a recipe; it was a living legacy.
It carried the history of her people, the warmth of her family,
and the enduring spirit of Cambodian culture, passed down through generations.

ស្រីលក្ខណ៍បានដឹងថា
អាម៉ុកមិនមែនគ្រាន់តែជាម្ហូបប្រើទេ
ប៉ុន្តែជាបេតិកភណ្ឌរស់រវើក។
វាដឹកនាំនូវប្រវត្តិសាស្រ្តរបស់ជនជាតិរបស់នាង
ភាពកក់ក្ដៅនៃគ្រួសារ
និងស្មារតីអស្ចារ្យនៃវប្បធម៌ខ្មែរ
ដែលបានបន្សល់ទុកដល់ជំនាន់បន្ទាប់ហូតមកដល់សព្វ
ថ្ងៃនេះ។

그리고 스레이 렉은 깨달았습니다.
아목은 단순한 요리법이 아니라 살아 숨 쉬는 유산이라는 것을.

그 속에는 자기 민족의 역사, 가족의 따뜻함,
그리고 세대를 넘어 전해지는 캄보디아 문화의 깊은 정신이 담겨 있었습니다.

And so, with every bite of Amok, Srey Leak felt a deep connection to her roots,
to the land, and to the love that bound her family.
Amok, the taste of Cambodia.

ដោយធ្វើហើយ រាល់ការហិានអាម៉ុក ស្រីលក្ខណ៍មានអារម្មណ៍ថា
មាននំនឹកឃើញជាបន្ទាប់ជាមួយជម្រកនៃជាតិនៃប្រទេសកម្ពុជា
និង ទៅនឹងជីវិត និងទៅនឹងសេចក្ដីស្រឡាញ់ដែល
ចងភ្ជាប់គ្រួសាររបស់នាង។
អាម៉ុក រៀបរាប់ពីរសជាតិប្រទេសកម្ពុជា។

그리하여, 아목을 한 입 먹을 때마다 스레이 렉은
자신의 뿌리와, 이 땅과, 그리고 가족을 하나로 잇는
사랑과 깊이 이어져 있음을 느꼈습니다.

아목—그것은 곧 캄보디아의 맛이었습니다.

Amok

Amok

Khmer Translation ⓒ 2025 by Mey Yean, Kun Thea
English Translation ⓒ 2025 by Minjung Lee
Korean Translation ⓒ 2025 by Doyoon Park, Hyeonseok Rho, Woohyun Kim, Sungin Jung, Jungwoo Hong
Text and editing ⓒ 2025 by Alex Jong Ho Lee
Illustrations ⓒ 2025 by Bomin Ko

초판 1쇄 발행 2025년 8월 18일

펴낸이	이기봉
편집	좋은땅 편집팀
펴낸곳	도서출판 좋은땅
주소	서울특별시 마포구 양화로12길 26 지월드빌딩 (서교동 395-7)
전화	02)374-8616~7
팩스	02)374-8614
이메일	gworldbook@naver.com
홈페이지	www.g-world.co.kr

ISBN 979-11-388-4624-0 (77830)

- 가격은 뒤표지에 있습니다.
- 이 책은 저작권법에 의하여 보호를 받는 저작물이므로 무단 전재와 복제를 금합니다.
- 파본은 구입하신 서점에서 교환해 드립니다.

 KC마크는 이 제품이 공통안전기준에 적합하였음을 의미합니다.
책장에 손이 베이지 않게, 모서리에 다치지 않게 주의하세요.